NOTICE

SUR

Madame Suzanne RONDON

En religion Mère Ste Suzanne

de l'ordre de St Thomas de Villeneuve de Provence

décédée à Tarascon le 14 novembre 1865.

TARASCON

DE L'IMPRIMERIE D'ANTOINE AUBANEL.

1866.

NOTICE.

Le 14 novembre 1865, une noble et pure existence finissait à Tarascon. La mort avait choisi sa victime dans la petite Communauté des dames de St Thomas de Villeneuve, vouées au service des pauvres malades de l'hôpital; et le glas funèbre apprenait à tous que leur digne Supérieure, Madame Suzanne Rondon, en religion Mère Ste Suzanne, n'était plus.

Ceux qui n'ont pas connu cette âme vraiment d'élite ne sauraient apprécier l'étendue de notre perte à la seule annonce de cette mort. C'est pourquoi on voudrait, dans ces lignes, retracer quelque chose de sa pure physionomie, et tâcher de la rendre saisissable à tous par le récit des œuvres de sa foi : car c'est ainsi, au témoignage de l'apôtre, que les morts, du fond de leur tombeau, peuvent encore nous adresser un salutaire langage : *Defunctus adhuc loquitur* (*).

(*) St Paul aux Hébr., ch. 11, v. 4.

Assurément, il serait long et plein d'édification celui que nous viendrions recueillir sur cette tombe à peine fermée, si tous les actes les plus méritoires de la précieuse vie dont elle cache la dépouille, n'avaient pas été cachés aussi dans l'impénétrable sanctuaire de la vertu d'humilité qu'elle chérit en quelque sorte passionnément.

Madame Suzanne Rondon naquit à Aix le 14 mai de l'année 1794. Une note écrite de sa main et trouvée après son décès donne la date de son baptême à une année d'intervalle, le 15 mai 1795. Ces dates ont leur triste éloquence et sont une pénible révélation des entraves que dut susciter à ses pieux parents l'ouragan révolutionnaire pour l'accomplissement d'un saint devoir. Mais il est hors de doute qu'elle fut *ondoyée* par précaution, en attendant des jours plus heureux.

Ces jours arrivèrent enfin. Malgré les plus sinistres prédictions, la Sainte Église put saluer l'aurore de sa délivrance, et quand partout les temples se rouvrirent, on peut se figurer les naïfs transports d'une jeune enfant imbue dès sa plus tendre enfance des précieux enseignements de cette Mère longtemps éprouvée.

C'est à cette époque qu'il faut placer un trait charmant dont le seul souvenir épanouissait plus tard son séraphique visage. Un jour, Madame de

Pinczon, qui avait fait revivre l'ordre qu'elle devait elle-même illustrer, prend possession d'une résidence à la tête d'une pieuse légion de Vierges. La multitude se presse sur ses pas, et tous les fidèles cèdent au doux élan d'un saint enthousiasme pour glorifier le pontife (*) qui, après des jours si néfastes, prépare, par son zèle et par ses institutions, une ère nouvelle de gloire et de sainteté à cet antique siége d'Aix, longtemps caché sous des ruines. Mais les innocentes clameurs qui s'élèvent de toutes parts au-devant des épouses de Jésus, ne sont pas capables d'arrêter sur les lèvres de Madame de Pinczon ces prophétiques paroles que lui inspire la seule vue d'une toute petite enfant, placée là, avec beaucoup d'autres, sous sa maternelle bénédiction : *Elle sera un jour religieuse*. La jeune Suzanne, réjouie par cette assurance dont elle apprécie l'immense portée, la garde en son cœur comme une semence précieuse qui portera les plus heureux fruits.

Le 23 mai 1805 elle fit sa première communion. On peut encore se représenter les saintes ivresses qu'elle éprouva à cette solennelle époque de sa vie. Toutes les vertus évangéliques étaient en germe dans son âme, et l'aliment céleste vint leur donner un nouvel éclat : sa foi et sa charité attei-

(*) Monseigneur Champion de Cicé.

gnirent bientôt les sommets élevés où se rencontrent les grandes âmes et où on distingue sans erreur la voix de Dieu et ses sublimes inspirations. Suzanne Rondon ne crut pas se méprendre sur le secret appel qui la pressait de sacrifier le monde et de se donner toute au Seigneur. Quelques années après, sur ses vives instances, les portes de la maison de Dieu lui furent ouvertes, et le 24 mai 1815, elle dépouillait complètement les livrées du monde pour se revêtir du saint habit de l'Ordre de St Thomas de Villeneuve, qui avait fixé le choix de son cœur.

Bien des fois il entre dans les desseins de Dieu que des déterminations de ce genre soient arrêtées ou du moins longtemps éprouvées par des parents trop dociles aux inspirations de la nature et même impuissants à rejeter le joug qu'elle leur fait sentir.

Suzanne Rondon dut à de vertueux parents d'échapper sur ce point à un danger, hélas! trop commun. Une sœur religieuse du même Ordre de St Thomas, et un frère (*), modèle jusqu'à la fin de sa vie de toutes les vertus sacerdotales, partagèrent avec elle cette douce condition.

Veut-on maintenant une idée du prompt épa-

(*) M. le chanoine Rondon, décédé à Aix il y a environ deux ans.

nouissement que ses vertus durent acquérir sous la douce influence de la vie religieuse? Un mot suffit pour la donner.

Sa profession date du 25 mai 1818, et de cette époque aussi date le choix significatif qu'on fait de la Sœur Ste Suzanne pour la charge pénible et délicate de la direction des jeunes Novices.

Nous ne pouvons, dans cette courte notice, donner de longs détails sur la manière dont elle s'acquitta de cet emploi et de ceux qui le remplacèrent. Supérieure à la Charité de Tarascon en 1820, elle demeura quatorze ans dans cette maison et ne la quitta que pour continuer, en 1834, à l'Hôpital de la même ville, les œuvres de charité si conformes à tous les attraits de son cœur. Elle était là depuis trois ans, quand des difficultés à aplanir à l'hospice de Grasse firent jeter les yeux sur elle. On pensa avec raison que son humilité profonde, son inaltérable douceur, les industries de sa charité triompheraient de bien des obstacles; et l'évènement fit voir qu'on présumait bien des ressources qu'elle était à même de déployer pour opérer un grand bien, ignoré seulement d'elle-même, quand il éclatait à tous les yeux. Aussi, ne s'étonna-t-on point lorsque sa mission fut achevée là, et qu'elle eût rétabli sur de bonnes bases la paix troublée par les exigences d'une difficile administration, de la voir élever au rang d'*Assistante* de la Supérieure Générale de son ordre. Elle l'occupa douze ans, facile dans ses rapports, pleine de bienveillance, accessible à toutes. Mais ceux qui l'avaient vue à l'œuvre au chevet des malades, et tout entière aux soins de sa petite communauté de Tarascon, ne pouvaient se tromper sur ses secrètes préférences d'une fonction plus humble à une charge plus élevée où la voix du devoir l'obligeait trop souvent à mettre en relief sa personne et à formuler ses opinions.

Enfin, lorsqu'au terme d'un double mandat, les Statuts de l'Ordre rendirent sa réélection impossible, le vœu des habitants de Tarascon, et surtout des Administrateurs de l'hospice fut exaucé, et cette ville retrouva le trésor qu'elle avait perdu. La Mère Ste Suzanne revint à ses chers malades, toujours portée sur les ailes de la Sainte Obéissance. Mais sa joie sereine trahissait ses sentiments, et disait assez que, pour eux, elle voulait continuer de vivre, qu'auprès d'eux elle voulait mourir.

C'est en effet dans cette maison que sa mort édifiante est venue couronner sa vie, et nous avons été les tristes témoins de ce départ d'une âme angélique, pleine de mérites devant le Seigneur.

Nous voudrions être moins impuissant à le raconter, et savoir dédommager, par un récit fidèle, ceux qui n'ont pas respiré, comme nous, les derniers parfums de vertu qui s'exhalaient de ce cœur brûlant lorsqu'il était près de briser les liens qui le retenaient sur la terre.

Le mal qui devait nous la ravir se déclara vers la fin de 1864. Elle retournait de la retraite, et toute prête à entonner l'hymne de sa délivrance, elle s'inquiétait peu des pressentiments de sa mort. Au contraire, elle les acceptait avec reconnaissance, et la perspective d'une maladie longue et douloureuse lui fesait bénir le Ciel qui l'exauçait dans un de ses vœux. En effet, nous trouvons dans une de ces rares notes où elle a parlé d'elle-même sur le petit cahier qui lui servait à recueillir les prières conformes à ses goûts, et la scrupuleuse nomenclature des différentes pratiques auxquelles elle ne voulait jamais manquer, nous trouvons, disons-nous, ces mots touchants : « Le 6 juin 1819 j'ai reçu de ma bonne mère de Pinczon une croix en argent renfermant une parcelle de la vraie croix. J'ai renouvelé ce jour-là plus que jamais ma consécration à la croix et à toutes les souffrances et humiliations qu'il plaira à mon divin époux de m'envoyer. » Or, le divin époux, accessible aux désirs de ses enfants de prédilection, et tenant à les purifier sur la terre des imperfections et des légères souillures, presque inséparables d'une longue vie, si bien remplie qu'elle ait pu être, abreuva les lèvres de la Mère Ste Suzanne au calice des plus cruelles douleurs.

Elle en profita, mais comme à son insçu, pour produire des fruits de la plus merveilleuse édification. Jamais on ne l'entendit se plaindre. En vain était-elle sollicitée bien des fois d'avouer l'intensité de son mal ; le regard fixé sur son crucifix où elle puisait à chaque instant la force nécessaire, elle se contentait de répondre que sa crainte la plus sérieuse était que le divin Jésus ne trouvât pas encore son immolation digne de celle qu'il avait lui-même offerte pour nous. Et puis elle s'écriait : « si je savais qu'il y eût dans mon cœur une fibre qui ne fût pas pour vous, mon Jésus ! à l'instant je l'arracherais. »

Cependant, l'affection dont elle souffrait pouvant, d'après l'avis des médecins, amener un dénouement aussi fatal que subit, ses chères filles se déterminèrent à lui parler des derniers sacrements. Mais, comme on le pense bien, il n'était pas besoin pour elle de ces déplorables ménagements qu'il faut trop souvent employer auprès des âmes vulgaires pour prévenir leur hésitation et quelquefois leur refus. Avec quelle joie, au contraire, elle accepta les précieux secours que l'Eglise tient en réserve pour ses enfants, quand le mal dont il sont atteints désespère toute science humaine. Il était beau de la voir au jour du saint viatique entourée, non seulement de sa chère Communauté, mais de toutes les religieuses du même Ordre qui sont dans la ville, les édifiant par les témoignages de son humilité profonde, de sa foi et de son amour. Elle demanda pardon à ses filles des peines qu'elle avait pu leur occasionner et de toutes ses infidélités à la règle. Puis elle renouvela ses vœux si strictement gardés dans la ferveur des premiers jours, et on eût dit qu'après ce grand acte, elle n'attendait plus que le signal de son entrée dans la Céleste Jérusalem.

Dieu pourtant avait sur elle de particuliers desseins. Ce mal, en s'aggravant ne précipita point en proportion la ruine de son frêle corps, et durant dix mois encore, elle acheva de purifier sa belle âme dans le creuset des tribulations. Mais en dépit des efforts que l'esprit du mal tente sur les âmes les plus solides pour les abattre dans ces luttes suprêmes, son énergie triompha jusqu'à la fin. Nourrie presque habituellement du Pain des Forts, ce fut surtout dans cet aliment divin qu'elle puisa toutes les ressources nécessaires au parfait épanouissement de ses vertus.

Bientôt son amour pour Notre Seigneur, le bien aimé de son âme; sa dévotion à Marie, la gardienne de ses chastes promesses, atteignirent les limites les plus reculées qu'on puisse voir à travers les défaillances trop habituelles des âmes, même ferventes.

Alors on l'entendait bien des fois exhaler ses beaux sentiments dans des aspirations sublimes, qui sont restées dans tous les cœurs, et que la plume décolore parce qu'elle n'en reproduit jamais l'accent.

Elle s'attacha dans ses derniers conseils à son filial entourage à resserrer les liens, déjà si étroits de la charité aimable qui l'unissait. « Mes chères filles, aimez-vous bien les unes les autres; aimez bien ce cher prochain dans la poitrine du divin Maître ! »

Que de fois ce solennel avertissement du bien-aimé disciple revint sur ses lèvres mourantes ! Car, chaque jour le douloureux instant de la séparation approchait, et on eût dit qu'éclairée sur ce point d'une lumière supérieure, elle voulait tout mettre en ordre autour d'elle comme dans son intérieur.

D'une main tremblante, et arrêtée à chaque instant par une oppression pénible, bien des fois elle régla par écrit toutes les mesures que lui dictait sa délicate conscience pour la bonne administration de la maison, pour le bien de ses chers malades, dont le souvenir ne la quittait pas, et pour le pieux gouvernement de ses filles.

Enfin, quand le jour des célestes noces arriva, tout fut prêt. On l'entendit s'écrier : « l'heureux moment qui va m'unir à mon époux est arrivé.

Qu'il me tarde de vous être unie pour ne plus me séparer de vous ! » Elle s'écria aussi : « Que vous ai-je donc fait, ô mon *Jésus!* pour être si heureuse que de mourir avec le titre de votre épouse ?»

Elle fut exaucée dans le désir ardent qu'elle avait eu de recevoir une dernière fois son Sauveur le jour où elle expirerait entre ses bras.

Vers la fin de ce jour, lorsque la nuit approchait, elle avait toujours dissimulé son mal avec une habileté si pieuse, que ses filles ne se doutaient pas qu'elle dût leur échapper sitôt. Le matin elle leur demande à se lever ; ses filles lui font observer qu'elle craignent de la fatiguer. « Je veux obéir jusqu'à la mort, répond-elle de sa plus douce voix. » Depuis ce moment elle prit son crucifix, y colla ses lèvres mourantes, et ne s'entretint plus qu'avec son Dieu. Vers les deux heures de l'après-midi, ses filles étant toutes réunies auprès de son lit, elle leur fit entendre ces solennelles paroles : « Mes filles, je vous quitte, je vous donne rendez-vous ; entendez-vous ? soyez-y toutes. Je vais vous attendre au Ciel : car au grand jour du jugement, je veux toutes vous bénir, mais non vous maudire. Pour cela, mes chères filles, une seule chose vous y conduira : observez la règle, rien que la règle, je vous bénis toutes. Adieu ! »

Vers les quatre heures, les Supérieures des deux maisons vinrent la voir; mais elle continua ses doux entretiens avec son divin époux. Ses filles lui témoignèrent leur étonnement de ce qu'elle ne leur disait rien. « Plus de créature, répondit-elle, plus que Jésus ! » Et levant les yeux au ciel : « Près de vous, mon Jésus ! vous me ferez connaître, dit-elle, les besoins de chacune de ces pauvres enfants; et là, je tâcherai de vous rendre tout le bien que vous m'avez fait. » Rien encore ne semblait laisser croire au voisinage de sa douce agonie, si bien qu'on ne voulut pas tout d'abord accéder à ses vœux d'exposer le saint sacrement et de faire les prières d'usage. Toutefois, vaincues enfin par la ferveur de son désir, trois de ses filles se mettent à genoux et récitent les litanies qui sont le prélude de ce magnifique chant du départ de l'âme qui va vers son Dieu. La pieuse mourante répond à tout, et au moment où elle recevait en quelque sorte le message du Ciel par ces paroles touchantes de la sainte liturgie : *partez, âme chrétienne!* « Oui, mon Dieu! prenez-moi, dit-elle, je suis vôtre. » Et baissant la tête, elle expira vers le déclin du jour, sans agonie, sans délire, allant rejoindre les vierges compagnes fidèles de l'Agneau.

Et maintenant, quelle consolation vous reste, Communauté qu'elle édifia, malades qu'elle soulagea, pauvres dont elle partagea les peines?

Si le parfum de ses vertus, le souvenir de tout ce qu'elle a fait, l'ambition de marcher sur ses traces ne suffisent pas à vos cœurs brisés, regardez souvent au Ciel où le rendez-vous des grandes âmes est donné, et où successivement elles s'attirent : là, par la force de l'intercession, et ici, par la générosité des vertus.

A. M. D. G.

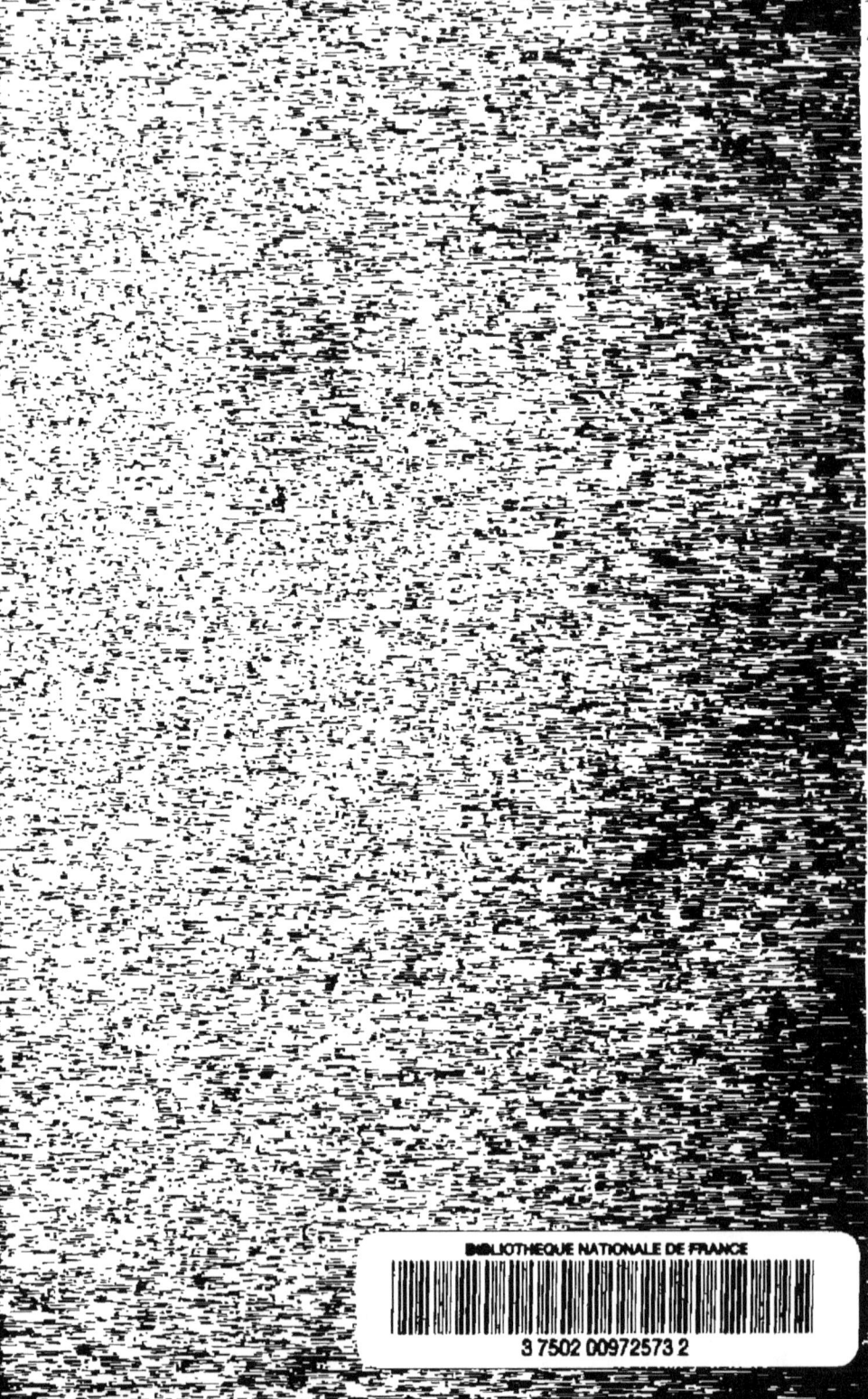

www.ingramcontent.com/pod-product-compliance
Lightning Source LLC
Chambersburg PA
CBHW060444050426
42451CB00014B/3214